Zur Rezeption der „Entstehung der Arten"

Thomas Henry Huxley

Writat

Diese Ausgabe erschien im Jahr 2023

ISBN: 9789359258874

Herausgegeben von
Writat
E-Mail: info@writat.com

Zur Rezeption des „Ursprungs der Arten".

Für die heutige Generation, das heißt für die Menschen, die ein paar Jahre älter als dreißig sind, steht der Name Charles Darwin neben denen von Isaac Newton und Michael Faraday; und wie sie beschwört er das große Ideal eines Wahrheitssuchers und Naturdeuters herauf. Sie denken an ihn, der es trug, als eine seltene Kombination aus Genie, Fleiß und unerschütterlicher Wahrhaftigkeit, der sich seinen Platz unter den berühmtesten Männern seiner Zeit durch schiere angeborene Macht verdiente, trotz eines Sturms der Vorurteile der Bevölkerung und nicht bejubelt von ihnen ein Zeichen der Gunst oder Wertschätzung aus den offiziellen Ehrenbrunnen ; als jemand, der sich trotz eines ausgeprägten Gespürs für Lob und Tadel und ungeachtet aller Provokationen, die jeden Ausbruch hätten entschuldigen können, von Neid, Hass und Bosheit fernhielt und mit der Ungerechtigkeit und Ungerechtigkeit, die herrschte, nicht anders als fair und gerecht umging überschüttete ihn; während er bis ans Ende seiner Tage bereit war, den unbedeutendsten vernünftigen Einwänden geduldig und respektvoll zuzuhören.

Und in Bezug auf die Theorie vom Ursprung der Lebensformen, die unseren Globus bevölkern, mit der Darwins Name so eng verbunden ist wie der von Newton mit der Gravitationstheorie, scheint nichts weiter vom Denken der gegenwärtigen Generation entfernt zu sein als jeder Versuch, es mit Spott zu ersticken oder durch heftige Denunziation zu unterdrücken. „Der Kampf ums Dasein" und „Natürliche Auslese" sind zu geläufigen Begriffen und alltäglichen Vorstellungen geworden. Die Realität und die Bedeutung der natürlichen Prozesse, über die Darwin seine Schlussfolgerungen zog, werden ebenso wenig angezweifelt wie die des Wachstums und der Vermehrung; und ob die ihnen zugeschriebene volle Kraft zugegeben wird oder nicht, zweifelt niemand an ihrer enormen und weitreichenden Bedeutung. Wo immer die biologischen Wissenschaften studiert werden, erhellt die „Entstehung der Arten" den Weg des Forschers; Wo auch immer sie unterrichtet werden, durchdringt es den Unterrichtsverlauf. Auch über die Bereiche der Biologie hinaus war der Einfluss darwinistischer Ideen nicht weniger tiefgreifend. Die älteste aller Philosophien, die der Evolution, wurde im Jahrtausend der theologischen Scholastik an Händen und Füßen gefesselt und in völlige Dunkelheit gestürzt. Aber Darwin goss neues Lebenselixier in den alten Rahmen; Die Fesseln platzten, und das wiederbelebte Denken des antiken Griechenlands erwies sich als angemessenerer Ausdruck der universellen Ordnung der Dinge als alle Pläne, die von der Leichtgläubigkeit und dem

Aberglauben siebzig späterer Generationen von Menschen akzeptiert wurden.

Für jeden, der die Zeichen der Zeit studiert, ist das Auftauchen der Evolutionsphilosophie in der Haltung, den Thron der Gedankenwelt zu beanspruchen, aus dem Schwebezustand der verhassten und, wie viele hofften, vergessenen Dinge, das Wichtigste bedeutsames Ereignis des 19. Jahrhunderts. Aber die effektivsten Waffen der modernen Verfechter der Evolution wurden von Darwin hergestellt; und die „Entstehung der Arten" hat eine beeindruckende Gruppe von Kämpfern rekrutiert, die in der strengen Schule der Physik ausgebildet wurden und deren Ohren gegenüber den Spekulationen a priori-Philosophen möglicherweise lange Zeit taub geblieben wären.

Ich glaube nicht, dass eine aufrichtige oder gebildete Person die Wahrheit dessen, was gerade behauptet wurde, leugnen wird. Möglicherweise hasst er den Namen „Evolution" selbst und leugnet deren Ansprüche ebenso vehement wie ein Jakobit die von Georg dem Zweiten. Aber da ist es – nicht nur so fest etabliert wie die hannoversche Dynastie, sondern auch glücklich unabhängig von parlamentarischer Zustimmung – und die langweiligsten Gegner haben erkannt, dass sie es mit einem Gegner zu tun haben, dessen Knochen nicht durch noch so viele böse Worte gebrochen werden dürfen .

Sogar die Theologen haben fast aufgehört, die klare Bedeutung der Genesis der nicht weniger klaren Bedeutung der Natur gegenüberzustellen. Ihre aufrichtigeren oder vorsichtigeren Vertreter haben es aufgegeben, die Evolution als eine verdammende Ketzerei zu behandeln, und haben sich in einen von zwei Wegen geflüchtet. Entweder leugnen sie, dass Genesis dazu gedacht war, wissenschaftliche Wahrheit zu lehren, und bewahren so die Wahrhaftigkeit der Aufzeichnungen auf Kosten ihrer Autorität; Oder sie verschwenden ihre Energie darauf, die grausamen Erfindungen des Versöhners zu ersinnen und Texte zu quälen, in der vergeblichen Hoffnung, sie dazu zu bringen, das Glaubensbekenntnis der Wissenschaft zu bekennen. Aber wenn der starke und harte Schmerz vorüber ist, stellt sich immer wieder die alte Aufrichtigkeit des ehrwürdigen Leidenden ein. Genesis ist durch und durch ehrlich und gibt vor, nichts weiter zu sein, als es ist: eine Sammlung ehrwürdiger Traditionen unbekannten Ursprungs, die keine wissenschaftliche Autorität beanspruchen und auch keine besitzen.

Während meine Feder diese Passagen beendet, kann es mir nur Spaß machen, daran zu denken, was für ein schrecklicher Aufruhr über ähnliche Meinungsäußerungen vor einem Vierteljahrhundert stattgefunden hätte (und tatsächlich gemacht hat). Tatsächlich ist der Kontrast zwischen dem gegenwärtigen Zustand der öffentlichen Meinung zur darwinistischen Frage; zwischen der Wertschätzung, die Darwins Ansichten heute in der wissenschaftlichen Welt genießt; zwischen der Duldung oder zumindest dem Schweigen der Theologen der heutigen Ordnung der Selbstachtung und dem Ausbruch des Antagonismus auf allen Seiten in den Jahren 1858–1859, als die neue Theorie über den Ursprung der Arten erstmals den Älteren bekannt wurde Die Generation, der ich angehöre, ist so jung, dass ich, abgesehen von dokumentarischen Beweisen, manchmal geneigt bin, meine Erinnerungen als Träume zu betrachten. Ich selbst habe großen Respekt vor der jüngeren Generation (sie können unser Leben aufschreiben und alle unsere Torheiten aufdecken, wenn sie sich nach und nach die Mühe machen), und ich wäre froh, wenn mir versichert würde, dass dieses Gefühl auf Gegenseitigkeit beruht ; aber ich fürchte, dass sich die Geschichte unseres Umgangs mit Darwin als großes Hindernis für die Verehrung unserer Weisheit erweisen könnte, die ich ihnen gerne entgegenbringen würde. Wir haben nicht einmal die Entschuldigung, dass Herr Darwin vor dreißig Jahren ein obskurer Neuling war, der keinen Anspruch auf unsere Aufmerksamkeit hatte. Im Gegenteil, seine bemerkenswerten zoologischen und geologischen Untersuchungen hatten ihm seit langem einen sicheren Platz unter den bedeutendsten und originellsten Forschern seiner Zeit verschafft; während seine charmante „Reise eines Naturforschers" ihm zu Recht einen weiten Ruf in der breiten Öffentlichkeit eingebracht hatte. Ich bezweifle, dass es damals einen Menschen gab, der mit größerem Recht erwarten konnte, dass alles, was er zu einer Frage wie der Entstehung der Arten sagen würde, mit tiefer Aufmerksamkeit angehört und mit Respekt diskutiert würde; und es gab sicherlich keinen Mann, dessen persönlicher Charakter einen besseren Schutz vor Angriffen hätte bieten können, voller Instinkte voller Bösartigkeit und gewürzt mit schamlosen Unverschämtheiten.

Und doch hatte ich das Glück, einen der freundlichsten und treuesten Männer zu kennen. und es mussten Jahre vergehen, bis falsche Darstellung, Spott und Denunziation nicht mehr die bemerkenswertesten Bestandteile der Mehrzahl der zahlreichen Kritikpunkte an seinem Werk waren, die aus der Presse kamen. Ich habe keine Lust, einen dieser uralten Skandale aus ihrer wohlverdienten Vergessenheit zu reißen; Aber ich muss eine Aussage wahr machen, die der heutigen Generation vielleicht übertrieben erscheint, und es gibt keinen unterstützenden Artikel, der für diesen Zweck geeigneter oder einer solchen Schande würdiger ist als der Artikel in der „Quarterly Review" vom Juli 1860. (Als ich diese Passagen schrieb, war mir nicht bewusst, dass die Urheberschaft des Artikels öffentlich anerkannt worden war. Ein Geständnis, das nicht von Reue begleitet wird, bietet jedoch keinen Grund für eine Milderung des Urteils; und die Freundlichkeit, mit der Herr Darwin über seinen Angreifer, Bischof Wilberforce, spricht (Bd. II) ist ein so eindrucksvolles Beispiel seiner einzigartigen Sanftmut und Bescheidenheit, dass es die Empörung über die Anmaßung seines Kritikers eher noch steigert.) Seit Lord Brougham Dr. Young angriff, hat die Welt kein solches

Exemplar mehr gesehen Die Unverschämtheit eines oberflächlichen Anwärters auf einen Master in Naturwissenschaften ist diese bemerkenswerte Leistung, in der einer der genauesten Beobachter, der vorsichtigste Denker und aufrichtigste Erklärer dieses oder eines anderen Zeitalters der Verachtung ausgesetzt ist „flüchtiger" Mensch, der sich bemüht , „sein völlig verrottetes Gefüge aus Vermutungen und Spekulationen zu stützen" und dessen „Art, mit der Natur umzugehen", als „völlig unehrenhaft für die Naturwissenschaft" verurteilt wird. Und all dieses hohe und mächtige Gerede, das bei einem seinesgleichen mit Herrn Darwin unanständig gewesen wäre, geht von einem Schriftsteller aus, dessen Mangel an Intelligenz oder Gewissen oder an beidem so groß ist, dass, als Einwand dagegen Herrn Darwins Ansichten kann er fragen: „Ist es glaubwürdig, dass alle günstigen Rübensorten dazu neigen, Männer zu werden?" der die Paläontologie so wenig kennt, dass er von den „Blüten und Früchten" der Pflanzen der Karbonzeit sprechen kann; der vergleichenden Anatomie, dass er mit Nachdruck behaupten kann, dass der Giftapparat der Giftschlangen „von den gewöhnlichen Gesetzen des tierischen Lebens völlig getrennt und ihnen selbst eigen" sei; der Grundlagen der Physiologie kann er fragen: „Welcher Vorteil des Lebens könnte die Form der Blutkörperchen verändern, in die das Blut verdampft werden kann?" Der Rezensent versäumt es auch nicht, diesem Ausfluss absurder Unfähigkeit eine kleine Anregung des odium theologicum zu verleihen. Eine gewisse Ahnung von der Geschichte der Konflikte zwischen Astronomie, Geologie und Theologie veranlasst ihn dazu, einen Rückzug mit der Maßgabe offenzuhalten, dass er nicht „zustimmen kann, die Wahrheit der Naturwissenschaft anhand des Wortes der Offenbarung zu prüfen"; aber trotz alledem widmet er Seiten der Darlegung seiner Überzeugung, dass Herrn Darwins Theorie „der offenbarten Beziehung der Schöpfung zu ihrem Schöpfer widerspricht" und „unvereinbar mit der Fülle seiner Herrlichkeit" ist.

Wenn ich meinen Rückblick auf die Rezeption von „Origin of Species" auf etwa zwölf Monate ab dem Zeitpunkt seiner Veröffentlichung beschränke, kann ich mich an nichts ganz so Törichtes und Unsittliches erinnern wie den Artikel „Quarterly Review", es sei denn, vielleicht , könnte die Adresse eines Reverend Professor an der Dublin Geological Society damit in Konkurrenz treten. Aber ein großer Teil von Herrn Darwins Kritikern hatte eine beklagenswerte Ähnlichkeit mit dem „Quarterly"-Rezensenten, insofern als ihnen entweder der Wille oder der Witz fehlte, sich seine Lehre zu eigen zu machen; Kaum einer verfügte über das erforderliche Wissen, um ihm durch das immense Spektrum der biologischen und geologischen Wissenschaften zu folgen, das das „Origin" abdeckte. Allzu häufig hatten sie den Fall jedoch aus theologischen Gründen voreingenommen und, was in diesem Fall unvermeidlich zu sein scheint, den Mangel an Vernunft durch überflüssige Schimpfereien ausgeglichen.

Aber es wird angenehmer und gewinnbringender sein, jene Kritiken zu berücksichtigen, die von Autoren mit wissenschaftlicher Autorität anerkannt wurden oder die interne Beweise für die mehr oder weniger große Kompetenz und oft auch für den guten Glauben ihrer Autoren enthielten. Wenn ich meine Umfrage auf etwa zwölf Monate nach der Veröffentlichung von „Origin" beschränke, finde ich unter solchen Kritikern Louis Agassiz („Die von Darwin vorgebrachten Argumente zugunsten einer universellen Ableitung aller derzeit existierenden Besonderheiten von einer Primärform") Lebewesen haben nicht den geringsten Eindruck auf mich gemacht."

„Bis sich herausstellt, dass die Fakten der Natur von denen, die sie gesammelt haben, falsch waren und dass sie eine andere Bedeutung haben als die, die ihnen jetzt allgemein zugewiesen wird, werde ich die Transmutationstheorie daher als einen wissenschaftlichen Fehler betrachten, der in seinen Fakten unwahr ist." , unwissenschaftlich in seiner Methode und boshaft in seiner Tendenz." – Sillimans „Journal", Juli 1860, Seiten 143, 154. Auszug aus dem 3. Band von „Contributions to the Natural History of the United States".); Murray, ein ausgezeichneter Entomologe; Harvey, ein Botaniker von beträchtlichem Ruf; und der Autor eines Artikels in der „Edinburgh Review", die alle entschieden gegen Darwin waren. Pictet , der angesehene und weithin gebildete Paläontoge aus Genf, behandelt Herrn Darwin mit einem Respekt, der einen dankbaren Kontrast zum Ton einiger der vorangegangenen Autoren bildet, willigt jedoch ein, ihn nur in sehr geringem Maße zu begleiten. „Ich sehe keine ernsthaften Einwände gegen die Bildung von Varietäten durch natürliche Selektion in der existierenden Welt, und dass, was frühere Epochen betrifft, angenommen werden kann, dass dieses Gesetz den Ursprung eng verwandter Arten erklärt, wenn man zu diesem Zweck annimmt, a sehr langer Zeitraum."

„Im Hinblick auf einfache Varietäten und eng verwandte Arten glaube ich, dass die Theorie von Herrn Darwin viele Dinge erklären und ein großes Licht auf zahlreiche Fragen werfen kann." – „On the Origin of Species " . Von Charles Darwin.' 'Archive of Sc. der Bibliothek Universelle de Geneve", Seiten 242, 243, März 1860.) Andererseits Lyell, bis dahin eine Säule der Anti-Transmutationisten (die ihn für immer so betrachteten, wie Pallas Athene später möglicherweise Dian angesehen hat). der Endymion-Affäre), erklärte sich selbst zum Darwinisten, allerdings nicht ohne einen ernsthaften Vorbehalt einzulegen. Dennoch war er ein Turm der Stärke, und sein mutiges Eintreten für die Wahrheit statt für die Konsequenz machte ihm unendliche Ehre . Als Evolutionisten, ohne Worte, erinnere ich mich unter den Biologen nicht mehr als an Asa Gray, der den Kampf in den Vereinigten Staaten großartig gekämpft hat; Hooker, der hier nicht weniger energisch war; der gegenwärtige Sir John Lubbock und ich. Wallace war weit weg im Malaiischen Archipel; Aber abgesehen von seinem direkten Anteil an der

Verbreitung der Theorie der natürlichen Selektion wäre keine Aufzählung der Einflüsse, die zu der Zeit, von der ich spreche, am Werk waren, vollständig ohne die Erwähnung seines kraftvollen Aufsatzes „Über das Gesetz, das reguliert hat". „The Introduction of New Species", das 1855 veröffentlicht wurde. Als ich es erneut las, war ich erstaunt, mich daran zu erinnern, wie gering der Eindruck war, den es machte.

In Frankreich ist der Einfluss von Elie de Beaumont und von Flourens – ersterer soll sich „zu ewigem Ruhm verdammt" haben, indem er den Spitznamen „la science moussessante " für den Evolutionismus erfand (Einer wird an die Wirkung eines anderen erinnert) gering Akademisches Epigramm. Die sogenannte Wirbeltheorie des Schädels soll in Frankreich im Keim erstickt worden sein, als ein Akademiker seinem Nachbarn zuflüsterte, dass in diesem Fall der Kopf eines Menschen ein „ Wirbel" sei nachdenklich .") – ganz zu schweigen von der Böswilligkeit anderer mächtiger Mitglieder des Instituts , wirkte lange Zeit wie eine Verschwörung des Schweigens; und es vergingen viele Jahre, bis sich die Akademie von dem Vorwurf befreite, den der Name mit sich brachte von Darwin war nicht auf der Liste seiner Mitglieder zu finden. Ein versierter Schriftsteller außerhalb des Spektrums akademischer Einflüsse, M. Laugel , gab jedoch in der „Revue des Deux Mondes " eine ausgezeichnete und anerkennende Notiz über den „Ursprung". .' Deutschland brauchte Zeit zum Nachdenken; Bronn erstellte eine leicht Bowdlerisierte Übersetzung des „Ursprungs"; und „ Kladderadatsch " scherzte über den Affen-Ursprung des Menschen; aber ich erinnere mich nicht daran, dass sich 1860 irgendein berühmter Wissenschaftler öffentlich erklärt hat. Der Mann, der Darwin in seinem Einfluss auf moderne Biologen am nächsten steht, KE von Baer, schrieb mir jedoch im August 1860, in dem er seine allgemeine Zustimmung zu evolutionären Ansichten zum Ausdruck brachte. Sein Satz: „ Ich vertritt die gleichen Ideen ... dass „Herr Darwin" (Band II.), wie aus seinen späteren Schriften hervorgeht, nicht mehr bedeutet als dies.) Keiner von uns träumte davon, dass im Laufe einiger Jahre die Stärke (und vielleicht ... Ich darf noch die Schwäche hinzufügen, dass der „ Darwinismus " seine umfangreichsten und brillantesten Illustrationen im Land der Gelehrsamkeit finden würde. Wenn sich ein Ausländer anmaßen würde, über die Ursache dieser merkwürdigen Pause des Schweigens zu spekulieren, vermute ich, dass es dieser eine Teil davon war Die deutschen Biologen waren um jeden Preis orthodox, und die andere Hälfte war eindeutig heterodox. Letztere waren bereits a priori Evolutionisten, und sie müssen den natürlichen Ekel gegenüber deduktiven Philosophen empfunden haben, wenn ihnen eine induktive und experimentelle Grundlage für eine Überzeugung angeboten wurde, die Sie waren durch einen kürzeren Weg gelangt. Es geht zweifellos darum, zu lernen, dass Ihre Schlussfolgerungen zwar richtig sein mögen, Ihre Gründe dafür jedoch alle falsch oder jedenfalls unzureichend sind.

Im Großen und Ganzen waren die Anhänger von Herrn Darwins Ansichten im Jahr 1860 zahlenmäßig äußerst unbedeutend. Es besteht nicht der geringste Zweifel daran, dass wir mit überwältigender Mehrheit verurteilt worden wären, wenn zu diesem Zeitpunkt ein allgemeiner Rat der wissenschaftlichen Kirche abgehalten worden wäre. Und es besteht ebenso wenig Zweifel daran, dass das Dekret genau gegenteiliger Natur wäre, wenn ein solcher Rat jetzt zusammentreten würde. Es zeugt von einem Mangel an Vernunft und Bescheidenheit, den Männern dieser Generation weniger Fähigkeiten oder weniger Ehrlichkeit zuzuschreiben, als ihre Nachfolger besitzen. Was sind dann die Ursachen, die die belehrten und fair urteilenden Männer jener Zeit dazu veranlassten, zu einem Urteil zu kommen, das sich so sehr von dem unterscheidet, das denen, die ihnen folgen, gerecht und fair erscheint? Das ist wirklich eine der interessantesten Fragen der Wissenschaftsgeschichte, und ich werde versuchen, sie zu beantworten. Ich fürchte, dass ich dazu Gefahr laufen muss, egoistisch zu wirken. Wenn ich jedoch meine eigene Geschichte erzähle , dann nur, weil ich sie besser kenne als die anderer Menschen.

Ich glaube, ich muss die „Vestiges" gelesen haben, bevor ich England im Jahr 1846 verließ; aber selbst wenn ich es tat, machte das Buch sehr wenig Eindruck auf mich, und ich kam erst nach 1850 ernsthaft mit der „Arten"-Frage in Berührung. Damals hatte ich mich schon lange mit der Pentateuch-Kosmogonie beschäftigt, die mich beeindruckt hatte auf mein kindliches Verständnis als göttliche Wahrheit, mit der ganzen Autorität von Eltern und Lehrern, und von dem es mich viele Mühen gekostet hatte, mich zu befreien. Aber mein Geist war unvoreingenommen gegenüber jeder Doktrin, die sich mir präsentierte, wenn sie angeblich auf rein philosophischen und wissenschaftlichen Überlegungen beruhte. Es schien mir damals (wie auch heute), dass „Schöpfung" im gewöhnlichen Sinne des Wortes durchaus denkbar ist. Es fällt mir nicht schwer, mir vorzustellen, dass dieses Universum zu einem früheren Zeitpunkt nicht existierte; und dass es innerhalb von sechs Tagen (oder augenblicklich, wenn das bevorzugt wird) infolge des Willens eines bereits existierenden Wesens erschien. Damals wie heute die sogenannten apriorischen Argumente gegen den Theismus; und angesichts der Tatsache, dass es eine Gottheit gibt und die Möglichkeit kreativer Handlungen ausgeschlossen ist, schien es mir jeder vernünftigen Grundlage zu entbehren. Ich hatte damals und auch heute nicht den geringsten Einwand von vornherein dagegen, den Bericht über die Erschaffung von Tieren und Pflanzen in „Das verlorene Paradies" anzusprechen, in dem Milton den natürlichen Sinn der Genesis so anschaulich verkörpert. Es liegt mir fern zu sagen, dass es unwahr ist, weil es unmöglich ist. Ich beschränke mich auf eine bescheidene und vernünftige Bitte um einen Beweis dafür, dass die existierenden Tier- und Pflanzenarten tatsächlich auf diese Weise entstanden sind, als Voraussetzung dafür, dass ich an eine Aussage glaube, die mir höchst unwahrscheinlich erscheint .

Und um ganz fair zu sein: Ich hatte den Evolutionisten von 1851–1858 genau die gleiche Antwort zu geben. In den Reihen der Biologen traf ich damals niemanden außer Dr. Grant vom University College, der ein Wort für die Evolutionstheorie zu sagen hatte – und sein Eintreten war nicht dazu gedacht, die Sache voranzubringen. Außerhalb dieser Reihen war die einzige mir bekannte Person, deren Wissen und Fähigkeiten sie respektierten und die gleichzeitig ein überzeugter Evolutionist war, Herr Herbert Spencer, dessen Bekanntschaft ich, wie ich glaubte, im Jahr 1852 gemacht hatte Dann schloss ich die Bande einer Freundschaft, die, wie ich glücklich finde, keine Unterbrechung erlebt hat. Viele und lange Kämpfe haben wir zu diesem Thema geführt. Aber selbst die seltenen dialektischen Fähigkeiten und die Fülle an treffenden Illustrationen meines Freundes konnten mich nicht von meiner agnostischen Position abbringen. Ich vertrat meinen Standpunkt aus zwei Gründen: Erstens, dass bis zu diesem Zeitpunkt die Beweise für die Transmutation völlig unzureichend waren; und zweitens, dass kein Hinweis auf die Ursachen der angenommenen Transmutation in irgendeiner Weise ausreichend sei, um die Phänomene zu erklären. Wenn ich auf den damaligen Wissensstand zurückblicke, sehe ich wirklich nicht, dass eine andere Schlussfolgerung gerechtfertigt wäre.

Damals hatte ich noch nie von Treviranus ' „ Biologie " gehört. Allerdings hatte ich Lamarck aufmerksam studiert und die „Überreste" mit der gebotenen Sorgfalt gelesen; aber keiner von beiden bot mir einen guten Grund, meine negative und kritische Einstellung zu ändern. Was die „Überreste" betrifft, muss ich gestehen, dass mich das Buch einfach durch die ungeheure Ignoranz und die durch und durch unwissenschaftliche Denkweise des Autors irritiert hat. Wenn es überhaupt einen Einfluss auf mich hatte, dann stellte es mich gegen die Evolution; und die einzige Rezension, bei der ich aufgrund unnötiger Grausamkeit jemals Gewissensbisse habe, ist eine, die ich unter diesem Einfluss über die „Vestiges" geschrieben habe.

In Bezug auf die „ Zoologische Philosophie" ist es für Lamarck kein Vorwurf, zu sagen, dass die Diskussion der Artenfrage in diesem Werk, was auch immer man 1809 dazu sagen mochte, kläglich unter dem Wissensniveau von einem halben Jahrhundert später lag . In diesem Zeitraum hatte die Aufklärung der Struktur der niederen Tiere und Pflanzen zu völlig neuen Vorstellungen über ihre Beziehungen geführt; Histologie und Embryologie im modernen Sinne waren geschaffen; die Physiologie war wiederhergestellt; Die geologischen und geografischen Fakten zur Verbreitung waren enorm vervielfacht und auf Ordnung gebracht worden. Für jeden Biologen, dessen Studien ihn im Jahr 1850 über die bloße Artenhetze hinausgeführt hatten, war die eine Hälfte von Lamarcks Argumenten veraltet und die andere Hälfte fehlerhaft oder fehlerhaft, weil er es versäumte, sich mit den verschiedenen Arten von Beweisen zu befassen, die vorgebracht worden waren Licht seit seiner Zeit. Darüber hinaus war sein einziger Vorschlag hinsichtlich der Ursache der allmählichen Veränderung der Arten – Anstrengung, die durch Veränderungen der Bedingungen hervorgerufen wurde – auf den ersten Blick nicht auf die gesamte Pflanzenwelt anwendbar. Ich glaube nicht, dass ein unparteiischer Richter, der jetzt die „ Zoologische Philosophie" liest und später Lyells scharfsinnige und wirkungsvolle Kritik (die bereits 1830 veröffentlicht wurde) aufgreift, geneigt sein wird, Lamarck einen viel höheren Platz im Establishment einzuräumen der biologischen Evolution als das, was Bacon sich selbst in Bezug auf die Naturwissenschaften im Allgemeinen zuschreibt – buccinator tantum. (Erasmus Darwin verkündete als erster Lamarcks grundlegende Vorstellungen und wandte sie mit größerer logischer Konsequenz auf Pflanzen an. Aber die Befürworter seiner Behauptungen konnten nicht nachweisen, dass er in irgendeiner Hinsicht die zentrale Idee des „Ursprungs" vorwegnahm der Arten .')

Aber durch eine merkwürdige Ironie des Schicksals war derselbe Einfluss, der mich dazu veranlasste, modernen Spekulationen zu diesem Thema genauso wenig Glauben zu schenken wie den ehrwürdigen Überlieferungen, die in den ersten beiden Kapiteln der Genesis aufgezeichnet sind, vielleicht stärker als jeder andere Einfluss auf die Einhaltung Ich lebte in einer Art frommer Überzeugung, dass sich die Evolution schließlich als wahr erweisen würde. Ich habe kürzlich die erste Ausgabe der „Grundsätze der Geologie" erneut gelesen; und wenn ich bedenke, dass dieses bemerkenswerte Buch fast dreißig Jahre lang in jedermanns Händen war und dass es jedem Leser mit normalem Verstand ein großartiges Prinzip und eine großartige Tatsache vor Augen führt – das Prinzip, dass die Vergangenheit durch die Gegenwart erklärt werden muss, es sei denn es muss ein guter Grund für das Gegenteil nachgewiesen werden; und die Tatsache, dass, soweit unser Wissen über die vergangene Geschichte des Lebens auf unserem Globus reicht, keine solche Ursache nachgewiesen werden kann (Das gleiche Prinzip und die gleiche Tatsache leiten das Ergebnis aller fundierten historischen Untersuchungen. Grotes „Geschichte Griechenlands". ist ein Produkt der gleichen intellektuellen Bewegung wie Lyells „Prinzipien".) – Ich kann nicht anders, als zu glauben, dass Lyell für andere und mich selbst der Hauptakteur war, der Darwin den Weg ebnete. Denn der konsequente Uniformitarismus postuliert Evolution sowohl in der organischen als auch in der anorganischen Welt. Die Entstehung einer neuen Art durch andere als gewöhnliche Akteure wäre eine weitaus größere „Katastrophe" als alle anderen, die Lyell erfolgreich aus nüchternen geologischen Spekulationen ausgeschlossen hat.

Tatsächlich war sich niemand dessen besser bewusst als Lyell selbst. (Lyell beansprucht diese Position völlig zu Recht für sich. Er spricht davon, dass er „ein Gesetz der Kontinuität auch in der organischen Welt vertreten hat, soweit möglich, ohne Lamarcks Transmutationstheorie zu übernehmen"...

„Aber während ich lehrte, dass so oft bestimmte Formen von Tieren und Pflanzen aus für uns völlig verständlichen Gründen verschwanden, andere ihren Platz aufgrund einer Ursache einnahmen, die außerhalb unseres Verständnisses lag; es blieb Darwin überlassen, Beweise dafür zu sammeln, dass es keine gibt Bruch zwischen den eintretenden und den austretenden Arten, dass sie das Werk der Evolution und nicht einer besonderen Schöpfung sind ...

„Ich hatte in diesem Land sicherlich in sechs Ausgaben meines Werkes, bevor die ‚Vestiges of Creation' im Jahr 1842 [1844] erschienen, den Weg für die Rezeption von Darwins allmählicher und unmerklicher Evolution der Arten bereitet." – „Life and Letters", ' Brief an Haeckel, Band II. Seite 436. 23. November 1868.) Wenn man eine der früheren Ausgaben der „Prinzipien" sorgfältig liest (insbesondere im Lichte der interessanten Briefreihe, die kürzlich vom Biographen von Sir Charles Lyell veröffentlicht wurde), ist es leicht zu erkennen, dass Bei all seinem energischen Widerstand gegen Lamarck einerseits und gegen den idealen Quasi- Progressionismus von Agassiz andererseits war Lyell seiner Meinung nach stark geneigt, den Ursprung aller vergangenen und gegenwärtigen Lebewesen zu erklären Dinge aus natürlichen Gründen. Aber gleichzeitig hätte er gerne den Namen der Schöpfung für einen natürlichen Vorgang beibehalten, den er für unverständlich hielt.

In einem Brief an Mantell (vom 2. März 1827) spricht Lyell davon, dass er gerade Lamarck gelesen habe; Er drückt seine Freude über Lamarcks Theorien und seine persönliche Freiheit gegenüber jeglichen Einwänden aus theologischen Gründen aus. Und obwohl er offensichtlich über den pithekoiden Ursprung des Menschen in Lamarcks Lehre beunruhigt ist, stellt er fest:

„Aber welche Veränderungen können die Arten schließlich wirklich durchmachen! Wie unmöglich wird es sein, eine Grenze zu unterscheiden und festzulegen, jenseits derer einige der sogenannten ausgestorbenen Arten nie in neuere übergegangen sind."

Auch hier findet sich die folgende bemerkenswerte Passage im Nachwort eines Briefes an Sir John Herschel aus dem Jahr 1836:

„Was die Entstehung neuer Arten betrifft, freue ich mich sehr, dass Sie es für wahrscheinlich halten, dass sie durch das Eingreifen von Zwischenursachen weitergeführt wird. Ich habe dies eher der

Schlussfolgerung überlassen, da ich es nicht der Mühe wert halte, a zu beleidigen bestimmte Klasse von Personen, indem er in Worte fasst, was nur eine Spekulation wäre. (Im gleichen Sinne siehe den Brief an Whewell vom 7. März 1837, Band II, Seite 5:—

„In Bezug auf dieses letzte Thema [die Veränderungen von einer Gruppe von Tier- und Pflanzenarten zu einer anderen]... erinnern Sie sich, was Herschel in seinem Brief an mich sagte. Wenn ich die Möglichkeit der Einführung so klar dargelegt hätte, wie er es getan hat Da es sich bei der Entstehung frischer Arten um einen natürlichen, im Gegensatz zu einem wundersamen Vorgang handelt, hätte ich eine Menge Vorurteile gegen mich hegen müssen, die leider auf Schritt und Tritt jedem Philosophen entgegenstehen, der versucht, die Öffentlichkeit über diese mysteriösen Themen anzusprechen." Siehe auch Brief an Sedgwick, 12. Januar 1838 ii. Seite 35.) Er verweist weiterhin auf die Kritik, die gegen ihn mit der Begründung geäußert wurde, dass er mit seiner eigenen Doktrin des Uniformitarismus unvereinbar sei, indem er die Entstehung von Arten durch Wunder zulasse; und er lässt darauf schließen, dass er aufgrund seines allgemeinen Einwands gegen Kontroversen nicht geantwortet hat.

Lyells Zeitgenossen waren nicht ohne Ahnung von seiner esoterischen Lehre. Whewells „Geschichte der induktiven Wissenschaften" ist, was auch immer ihr philosophischer Wert sein mag, immer lesenswert und immer interessant, und sei es unter keinem anderen Aspekt als dem eines Beweises für die spekulativen Grenzen, innerhalb derer sich ein hochgestellter Gott damals sicher bewegen konnte nach Belieben weglegen. Im Verlauf seiner Diskussion über den Uniformitarismus stellt der enzyklopädische Master of Trinity fest:

„Herr Lyell hat in der Tat von der Hypothese gesprochen, dass ‚die sukzessive Entstehung von Arten einen regulären Teil der Ökonomie der Natur darstellen könnte', aber er hat diesen Prozess, glaube ich, nirgends so beschrieben, dass er in welcher Form zum Vorschein kommt In der Abteilung für Naturwissenschaften müssen wir die Hypothese aufstellen: Entstehen diese neuen Arten dadurch, dass in langen Zeitabständen ein Nachwuchs entsteht, der sich in seiner Art von den Eltern unterscheidet? Oder werden die so geschaffenen Arten ohne Eltern erzeugt? Werden sie nach und nach aus einem Embryo entwickelt? Substanz? Oder beginnen sie plötzlich aus dem Boden, wie bei der Erschaffung des Dichters?...

„Eine Auswahl einer dieser Formen der Hypothese anstelle der anderen mit Belegen für die Auswahl ist erforderlich, um uns zu berechtigen, sie zu den bekannten Ursachen der Veränderung zu zählen, die wir in diesem Kapitel betrachten. Die bloße Überzeugung, dass „Die Behauptung, dass die Entstehung von Arten einmal oder mehrmals stattgefunden hat, solange sie nicht mit unseren organischen Wissenschaften in Zusammenhang steht, ist eher ein Grundsatz der Naturtheologie als der physikalischen Philosophie." (Whewells „History", Band III. Seite 639-640 (Ausgabe 2, 1847.))

Der frühere Teil dieser Kritik erscheint vollkommen gerechtfertigt und angemessen; aber aus dem abschließenden Absatz geht Whewell offensichtlich davon aus, dass Lyell mit „Schöpfung" ein übernatürliches Eingreifen der Gottheit meint; in der Erwägung, dass der Brief an Herschel zeigt, dass Lyell seiner Meinung nach natürliche Kausalität meinte; und ich sehe keinen Grund zum Zweifeln (Die folgenden Passagen in Lyells Briefen scheinen mir in diesem Punkt entscheidend zu sein:

An Darwin, 3. Oktober 1859 (ii, 325), bei der ersten Lesung des „Ursprungs".

„Ich habe schon lange deutlich gesehen, dass, wenn irgendwelche Zugeständnisse gemacht werden, alles, was Sie auf Ihren Schlussseiten behaupten, auch folgen wird.

„Das ist es, was mich so lange zögern ließ, weil ich immer das Gefühl hatte, dass der Fall des Menschen und seiner Rassen und anderer Tiere und der Pflanzen ein und derselbe ist, und dass, wenn man für einen Moment eine vera causa zugibt, [anstelle] einer rein unbekannten und imaginären, wie etwa dem Wort „Schöpfung", müssen alle Konsequenzen daraus folgen."

An Darwin, 15. März 1863 (Band II, Seite 365).

„Ich erinnere mich, dass es die Schlussfolgerung war, zu der er [Lamarck] über den Menschen gelangte, die mich vor dreißig Jahren gegen den großen Eindruck gestärkt hat, den seine Argumente zunächst auf mich machten, umso größer, als Constant Prevost, ein Schüler von Cuvier vor vierzig Jahren, war, erzählte mir seine Überzeugung, „dass Cuvier die Arten für nicht real hielt, die Wissenschaft aber nicht vorankommen konnte, ohne davon auszugehen, dass es sie gab."

An Hooker, 9. März 1863 (Band II, Seite 361), in Bezug auf Darwins Gefühl über das „Altertum des Menschen".

„Er [Darwin] scheint sehr enttäuscht darüber zu sein, dass ich nicht mit ihm weitergehe oder mich nicht mehr zu Wort melde. Ich kann nur sagen, dass ich mich im vollen Umfang zu meinen gegenwärtigen Überzeugungen geäußert habe, und sogar über meinen Gefühlszustand hinaus." auf die ungebrochene Abstammung des Menschen von den Unmenschen, und ich stelle fest, dass ich nicht wenige halb bekehre, die gegen Darwin in den Waffen standen und auch jetzt noch gegen Huxley sind. Er spricht davon, dass er „alte und lange gehegte Ideen aufgeben musste, die für mich den Reiz des theoretischen Teils der Wissenschaft in meiner früheren Zeit ausmachten, als ich mit Pascal an die Theorie des „Bogens", wie Hallam es nennt, glaubte -Engel ruiniert.'"

Siehe den gleichen Gedanken im Brief an Darwin vom 11. März 1863, Seite 363:

„Ich denke, die alte ‚Schöpfung' ist fast genauso notwendig wie eh und je, aber sie nimmt natürlich eine neue Form an, wenn Lamarcks durch Ihre verbesserten Ansichten übernommen werden."), wenn Sir Charles die unvermeidliche Konsequenz des pithekoiden Ursprungs hätte vermeiden können Er hätte die Wirksamkeit der jetzt wirksamen Ursachen, um den Zustand der organischen Welt herbeizuführen, ebenso energisch befürwortet, wie er diese Doktrin in Bezug auf den Menschen vertrat – gegen den er bis zum Ende seines Lebens eine tiefe Abneigung hegte anorganische Natur.

Tatsache ist, dass ein scharfsichtiges Auge hätte erkennen können, dass die eine oder andere Form der Transmutationslehre unvermeidlich war, seit die von William Smith verkündete Wahrheit, dass aufeinanderfolgende Schichten durch unterschiedliche Arten von Fossilienresten gekennzeichnet sind, fest etabliert wurde Naturgesetz. Niemand hat die spekulativen Konsequenzen dieser Verallgemeinerung besser dargelegt als der Historiker der „Induktiven Wissenschaften ":

„Aber das Studium der Geologie eröffnet uns das Schauspiel vieler Artengruppen, die im Laufe der Erdgeschichte in riesigen Zeitabständen aufeinander folgten; eine Gruppe von Tieren und Pflanzen verschwand, wie es scheint, aus ..." Das Gesicht unseres Planeten und andere, die vorher nicht existierten, werden zu den einzigen Bewohnern des Globus. Und dann stellt sich uns das Dilemma erneut vor: Entweder müssen wir die Lehre von der Transmutation der Arten akzeptieren und das annehmen Die organisierten Arten einer geologischen Epoche wurden durch eine über lange Zeit andauernde Wirkung natürlicher Ursachen in die einer anderen umgewandelt; andernfalls müssen wir an viele aufeinanderfolgende Schöpfungs- und Auslöschungsakte von Arten außerhalb des allgemeinen Laufs der Natur glauben; Handlungen, die Deshalb können wir es zu Recht als Wunder bezeichnen. (Whewells „Geschichte der induktiven Wissenschaften". Ausgabe II., 1847, Band III, Seiten 624–625. Das Urteil des Autors finden Sie auf den Seiten 638–39.)

Dr. Whewell entscheidet sich für die letztere Schlussfolgerung. Und wenn ihm jemand die vier Fragen gestellt hätte, die er in der bereits zitierten Passage an Lyell stellt, kann man jetzt nur sagen, dass er die erste mit Sicherheit abgelehnt hätte. Aber hätte er wirklich den Mut gehabt zu sagen, dass beispielsweise ein Rhinoceros tichorhinus „ohne Eltern geboren wurde"? oder wurde „aus einer embryonalen Substanz entwickelt"; oder dass es plötzlich vom Boden aufsprang wie Miltons Löwe, der „sich mit den Pfoten von seinen hinderlichen Körperteilen befreit". Ich erlaubte mir zu zweifeln, ob selbst der altbewährte Mut des Meisters der Dreieinigkeit – körperlich, intellektuell und moralisch – dieser Leistung gewachsen gewesen wäre. Zweifellos ist die plötzliche Konkurrenz einer halben Tonne anorganischer Moleküle mit einem lebenden Nashorn vorstellbar und daher möglicherweise möglich. Aber liegt ein solches Ereignis ausreichend innerhalb der Grenzen der Wahrscheinlichkeit, um den Glauben an sein Eintreten auf der Grundlage aller erreichbaren oder sogar vorstellbaren Beweise zu rechtfertigen?

Angesichts der (in den frühen Tagen der Opposition gegen Darwin oft wiederholten) Behauptung, er habe Lamarck nichts hinzugefügt, ist es sehr interessant zu beobachten, dass die Möglichkeit einer fünften Alternative zusätzlich zu den vier, die er dargelegt hat, besteht kam Dr. Whewell nicht in den Sinn. Der Vorschlag, dass neue Arten aus der selektiven Wirkung äußerer Bedingungen auf die Abweichungen von ihrem spezifischen Typ entstehen könnten, die Individuen aufweisen – und die wir „spontan" nennen, weil wir ihre Ursache nicht kennen – ist dem Wissenschaftshistoriker völlig unbekannt Ideen, wie sie für Biologen vor 1858 galten. Aber dieser Vorschlag ist die zentrale Idee des „Ursprungs der Arten" und enthält die Quintessenz des Darwinismus.

Wenn ich also in die Vergangenheit zurückblicke, scheint es mir, dass meine eigene Position der kritischen Erwartung gerecht und vernünftig war und aus den gleichen Gründen von vielen anderen Personen vertreten worden sein muss. Wenn Agassiz mir sagte, dass die Lebensformen, die nacheinander den Globus beherrschten, die Inkarnationen aufeinanderfolgender Gedanken der Gottheit seien; und dass er eine Gruppe dieser Verkörperungen durch eine entsetzliche geologische Katastrophe ausgelöscht hatte, sobald seine Ideen eine fortgeschrittenere Form annahmen, war ich nicht nur nicht in der Lage, die Genauigkeit der Schlussfolgerungen aus den Fakten der Paläontologie zuzugeben, auf denen dieses Erstaunliche beruhte Die Hypothese war begründet, aber ich musste gestehen, dass ich keine Möglichkeit hatte, die Richtigkeit seiner Erklärung zu überprüfen. Und außerdem konnte ich überhaupt nicht erkennen, was die Erklärung erklärte. Es half mir auch nicht, als mir ein bedeutender Anatom sagte, dass die Arten im Laufe der Zeit aufgrund eines „kontinuierlich wirksamen Schöpfungsgesetzes" aufeinander folgten. Das schien mir nichts anderes zu bedeuten, als zu sagen, dass die Arten in Form einer stimmberechtigten Resolution nacheinander abgelöst wurden, mit „Gesetz", um den Mann der Wissenschaft zu erfreuen, und „schöpferisch", um die Orthodoxen anzulocken. Also flüchtete ich mich in die „ thatige Skepsis", die Goethe so treffend definiert hat; und indem ich das apostolische Gebot, allen Menschen alles zu sein, umkehrte, verteidigte ich gewöhnlich die Haltbarkeit der empfangenen Lehren, wenn ich es mit den Transmutationisten zu tun hatte; und trat für die Möglichkeit einer Transmutation unter den Orthodoxen ein – und verstärkte damit zweifellos den bereits bestehenden, aber völlig unverdienten Ruf unnötiger Kampfbereitschaft.

Ich erinnere mich, dass ich im Laufe meines ersten Interviews mit Herrn Darwin mit der ganzen Zuversicht der Jugend und unvollkommenem Wissen meinen Glauben an die Schärfe der Grenzlinien zwischen natürlichen Gruppen und an das Fehlen von Übergangsformen zum Ausdruck brachte. Mir war damals nicht bewusst, dass er damals viele Jahre über der Artenfrage gegrübelt hatte; und das humorvolle Lächeln, das seine sanfte Antwort begleitete, dass dies nicht ganz seine Ansicht sei, verfolgte und verwirrte mich lange. Aber es schien, dass ich durch vier oder fünf Jahre harter Arbeit verstanden hatte, was es bedeutete; Für Lyell („Leben und Briefe", Band II, Seite 212) heißt es in einem Brief an Sir Charles Bunbury (unter dem Datum 30. April 1856) :

„Als Huxley, Hooker und Wollaston letzte Woche bei Darwin waren, gingen sie (alle vier) gegen die Arten vor – und zwar weiter, als sie bereit wären, glaube ich."

Ich erfahre davon nichts außer der Tatsache, dass ich Mr. Wollaston getroffen habe; und wenn Sir Charles nicht eindeutig versichert hätte, dass es sich um „alle vier" handelte, hätte ich gedacht, dass meine „ Arroganz " wahrscheinlich ein Gegenschlag zu Wollastons Konservatismus sei. Was Hooker betrifft, so war er bereits, wie Voltaires Habbakuk , „zu allem fähig", was die Verfechtung der Evolution angeht.

Wie ich bereits gesagt habe, stelle ich mir vor, dass die meisten meiner Zeitgenossen, die ernsthaft über die Angelegenheit nachdachten, sich in meiner gleichen Geisteshaltung befanden und dazu neigten, sowohl den Mosaisten als auch den Evolutionisten zu sagen: „Eine Plage für eure beiden Häuser ! " und bereit, sich von einer endlosen und scheinbar fruchtlosen Diskussion abzuwenden und sich auf die fruchtbaren Felder feststellbarer Tatsachen zu konzentrieren . Und ich kann daher weiter annehmen, dass die Veröffentlichung der Darwin- und Wallace-Aufsätze im Jahr 1858 und noch mehr die des „Origin" im Jahr 1859 auf sie die Wirkung eines Lichtblitzes hatte, der auf einen Mann, der verloren hat, wirkt sich selbst in einer dunklen Nacht, offenbart plötzlich einen Weg, der, ob er ihn direkt nach Hause führt oder nicht, mit Sicherheit seinen Weg führt. Was wir suchten und nicht finden konnten, war eine Hypothese über den Ursprung bekannter organischer Formen, die davon ausging, dass es keine Ursachen gab, sondern solche, die nachweislich tatsächlich am Werk waren. Wir wollten unseren Glauben nicht auf diese oder andere Spekulationen stützen, sondern uns klare und eindeutige Vorstellungen verschaffen, die wir mit den Tatsachen vergleichen und auf ihre Gültigkeit prüfen lassen konnten. Der „Ursprung" lieferte uns die Arbeitshypothese, nach der wir suchten. Darüber hinaus hat es uns immens geholfen, uns für immer aus dem Dilemma zu befreien: Weigern Sie sich, die Schöpfungshypothese zu akzeptieren, und was haben Sie vorzuschlagen, das von jedem vorsichtigen Denker akzeptiert werden kann? Im Jahr 1857 hatte ich keine Antwort parat, und ich glaubte auch nicht, dass irgendjemand sonst eine Antwort parat hatte. Ein Jahr später machten wir uns langweilige Vorwürfe, dass uns eine solche Untersuchung verwirrte. Als ich mir zum ersten Mal die zentrale Idee des „Ursprungs" zu eigen machte, dachte ich: „Wie extrem dumm, nicht daran gedacht zu haben!" Ich nehme an, dass die Gefährten von Kolumbus das Gleiche sagten, als er das Ei auf die Spitze stellte. Die Tatsachen der Variabilität, des Kampfes ums Dasein, der Anpassung an die Bedingungen waren berüchtigt genug; Aber keiner von uns hatte geahnt, dass der Weg zum Kern des Artenproblems über sie führte, bis Darwin und Wallace die Dunkelheit vertrieben und das Leuchtfeuer des „Ursprungs" die Umnachteten leitete.

Ob sich die besondere Form, die die Evolutionslehre in der Anwendung auf die organische Welt in Darwins Händen annahm, als endgültig erweisen würde oder nicht, war mir gleichgültig. In meiner frühesten Kritik am „Ursprung" wagte ich darauf hinzuweisen, dass seine logische Grundlage unsicher sei, solange Experimente in der selektiven Züchtung keine Sorten hervorgebracht hätten, die mehr oder weniger unfruchtbar seien; und diese Unsicherheit bleibt bis heute bestehen. Aber trotz aller kritischen Zweifel, die mein skeptischer Einfallsreichtum hervorrufen konnte, blieb die Darwinsche Hypothese unvergleichlich wahrscheinlicher als die Schöpfungshypothese. Und wenn keiner von uns in der Lage gewesen wäre, die überragende Bedeutung einiger der offenkundigsten und berüchtigtsten Naturtatsachen zu erkennen, bis sie uns sozusagen vor die Nase gehalten wurden, welche Kraft bliebe dann in dem Dilemma übrig – Schöpfung oder Nichts? Es war offensichtlich, dass in Zukunft die Wahrscheinlichkeit immens größer sein würde, dass die Zusammenhänge der natürlichen Kausalität unseren blinden Augen verborgen blieben, als dass die natürliche Kausalität nicht in der Lage sein würde, alle Naturphänomene hervorzurufen. Der einzig vernünftige Weg für diejenigen, die kein anderes Ziel hatten als die Erlangung der Wahrheit, bestand darin, den „Darwinismus" als Arbeitshypothese zu akzeptieren und zu sehen, was man daraus machen könnte. Entweder würde es seine Fähigkeit beweisen, die Tatsachen des organischen Lebens aufzuklären, oder es würde unter der Belastung zusammenbrechen. Dies war sicherlich der Diktator des gesunden Menschenverstandes; und ausnahmsweise siegte der gesunde Menschenverstand. Das Ergebnis war jene völlige Kehrtwende in der gesamten wissenschaftlichen Welt, die der heutigen Generation so überraschend erscheinen muss. Ich möchte nicht sagen, dass sich alle führenden Vertreter der biologischen Wissenschaft zu Darwinisten erklärt haben; aber ich glaube nicht, dass es unter der Vielzahl aktiver Arbeiter dieser Generation einen einzigen Zoologen, Botaniker oder Paläontologen gibt, der anders als ein Evolutionist ist und zutiefst von Darwins Ansichten beeinflusst ist. Was auch immer das endgültige Schicksal der von Darwin dargelegten Theorie sein mag, ich wage zu behaupten, dass, soweit ich weiß, all der Einfallsreichtum und die Gelehrsamkeit feindseliger Kritiker es ihnen nicht ermöglicht haben, eine einzige Tatsache anzuführen Man kann sagen, dass dies mit der darwinistischen Theorie unvereinbar ist. In der erstaunlichen Vielfalt und Komplexität der organischen Natur gibt es eine Vielzahl von Phänomenen, die sich aus den bisher erreichten Verallgemeinerungen nicht ableiten lassen. Aber das Gleiche gilt auch für jede andere Klasse natürlicher Objekte. Ich glaube, dass Astronomen die Bewegungen des Mondes noch nicht perfekt mit der Gravitationstheorie in Einklang bringen können.

Es wäre unangemessen, selbst wenn es möglich wäre, im Verlauf dieser kurzen Geschichte der Rezeption von Mr .Darwins großartige Arbeit. Aber es gibt zwei oder drei Einwände allgemeinerer Art, die auf philosophischen und theologischen Grundlagen basieren oder basieren sollen, die in den frühen Tagen der darwinistischen Kontroverse lautstark geäußert wurden und die, obwohl sie mehrfach beantwortet wurden immer wieder auf, tauchen bis heute immer wieder auf.

Der einzigartigste dieser vielleicht unsterblichen Trugschlüsse, der wie Tithonus weiterlebt, auch wenn Verstand und Kraft ihn längst verlassen haben, ist der, der Herrn Darwin vorwirft, er habe versucht, die alte heidnische Göttin Chance wieder einzusetzen. Es wird gesagt, dass er davon ausgeht, dass Variationen „zufällig" entstehen und dass der Stärkste die „Chancen" des Kampfes ums Dasein überlebt, und dass somit „Zufall" durch die Vorsehung ersetzt wird.

Es ist nicht gerade verwunderlich, dass ein solcher Vorwurf gegen einen Schriftsteller erhoben wird, der seine Leser immer wieder gewarnt hat, dass er mit der Verwendung des Wortes „spontan" lediglich meint, dass er die Ursache nicht kennt das, was so genannt wird; und deren gesamte Theorie in Stücke bricht, wenn die Einheitlichkeit und Regelmäßigkeit der natürlichen Kausalität für unbegrenzte vergangene Zeitalter geleugnet wird. Aber die wahrscheinlich beste Antwort auf diejenigen, die davon sprechen, dass Darwinismus die Herrschaft des „Zufalls" bedeutet, ist, sie zu fragen, was sie selbst unter „Zufall" verstehen? Glauben sie, dass irgendetwas in diesem Universum ohne Grund oder ohne Ursache geschieht? Glauben sie wirklich, dass irgendein Ereignis keine Ursache hat und nicht von jemandem vorhergesagt werden konnte , der einen ausreichenden Einblick in die

Ordnung der Natur hatte? Wenn ja, dann sind sie die Erben des alten Aberglaubens und der Unwissenheit, und deren Geist nie von einem Strahl wissenschaftlichen Denkens erleuchtet wurde. Der einzige Glaubensbeweis des Bekehrten zur Wissenschaft ist das Bekenntnis zur Universalität der Ordnung und zur absoluten Gültigkeit des Kausalitätsgesetzes zu allen Zeiten und unter allen Umständen. Dieses Bekenntnis ist ein Akt des Glaubens, da die Wahrheit solcher Aussagen naturgemäß nicht beweisbar ist. Aber ein solcher Glaube ist nicht blind, sondern vernünftig; weil sie stets durch die Erfahrung bestätigt ist und die einzig vertrauenswürdige Grundlage allen Handelns darstellt.

Wenn einer dieser Menschen, in denen die zufällige Anbetung unserer fernen Vorfahren auf seltsame Weise weiterlebt, während eines heftigen Sturms in Reichweite des Meeres sein sollte, soll er sich ans Ufer begeben und die Szene beobachten. Lassen Sie ihn die unendliche Vielfalt an Form und Größe der Wellen auf dem Meer bemerken; oder von den Kurven ihrer schaumbedeckten Brecher, wenn sie gegen die Felsen prallen; Er soll dem Brüllen und Schreien der Kies lauschen, die am Strand aufgeworfen und heruntergerissen werden. oder schauen Sie sich die Schaumflocken an, wie sie vor dem Wind hin und her fahren; Oder beachten Sie das Farbenspiel , das auf den Sonnenschein reagiert, der auf die unzähligen Blasen fällt. Sicherlich wird er hier, wenn überhaupt irgendwo, sagen, dass der Zufall das höchste ist, und das Knie beugen wie jemand, der in die tiefsten Tiefen seiner Göttlichkeit eingetreten ist. Aber der Mann der Wissenschaft weiß, dass hier, wie überall, vollkommene Ordnung manifestiert wird; dass es keine Kurve der Wellen gibt, keinen Ton im heulenden Chor, keinen Regenbogenschimmer auf einer Blase, was etwas anderes als eine notwendige Folge der festgestellten Naturgesetze ist; und dass mit einer ausreichenden Kenntnis der Bedingungen kompetente physikalisch -mathematische Fähigkeiten jedes einzelne dieser „zufälligen" Ereignisse erklären und sogar vorhersagen könnten.

Ein zweiter sehr häufiger Einwand gegen die Ansichten von Herrn Darwin war (und ist), dass sie die Teleologie abschaffen und das Argument aus dem Design ausmerzen. Es ist fast zwanzig Jahre her, seit ich es gewagt habe, einige Bemerkungen zu diesem Thema zu machen, und da meine Argumente bis jetzt noch nicht widerlegt wurden, hoffe ich, dass es mir verzeiht, sie wiederzugeben. Ich bemerkte, „dass die Evolutionslehre der gewaltigste Gegner aller gebräuchlicheren und gröberen Formen der Teleologie ist." Aber der vielleicht bemerkenswerteste Dienst, den Herr Darwin für die Philosophie der Biologie geleistet hat, ist die Versöhnung von Teleologie und Morphologie Erklärung der Tatsachen beider, die seine Ansichten bieten. Die Teleologie, die davon ausgeht, dass das Auge, wie wir es beim Menschen sehen, oder eines der höheren Wirbeltiere mit der genauen Struktur, die es aufweist, hergestellt wurde, um das zu ermöglichen Das Tier, das sehen kann, hat zweifellos seinen Todesstoß erhalten. Dennoch ist es notwendig, sich daran zu erinnern, dass es eine umfassendere Teleologie gibt, die nicht von der Evolutionslehre berührt wird, sondern tatsächlich auf dem Grundsatz der Evolution basiert. Dies Die These besagt, dass die ganze Welt, ob lebend oder nichtlebend, das Ergebnis der gegenseitigen Wechselwirkung der Kräfte (ich möchte jetzt das Wort „Kräfte" durch „Kräfte" ersetzen) nach bestimmten Gesetzen ist, die die Moleküle dieser Welt besitzen der ursprüngliche Nebel des Universums entstand. Wenn dies wahr ist, ist es nicht weniger sicher, dass die existierende Welt möglicherweise im kosmischen Dampf lag und dass ein ausreichender Intelligenz, basierend auf der Kenntnis der Eigenschaften der Moleküle dieses Dampfes , beispielsweise den Zustand der Fauna hätte vorhersagen können von Großbritannien im Jahr 1869, mit so großer Sicherheit, wie man sagen kann, was mit dem Atemdampf an einem kalten Wintertag passieren wird ...

...Die teleologische und die mechanische Sicht auf die Natur schließen sich nicht unbedingt gegenseitig aus. Im Gegenteil, je reiner ein Mechanist der Spekulant ist, desto fester geht er von einer ursprünglichen molekularen Anordnung aus, deren Folgen alle Phänomene des Universums sind, und desto vollständiger ist er dadurch dem Teleologen ausgeliefert, der Ich kann mich ihm jederzeit widersetzen und widerlegen, dass diese ursprüngliche molekulare Anordnung nicht dazu gedacht war, die Phänomene des Universums zu entwickeln." (Die „Genealogie der Tiere" („The Academy", 1869), abgedruckt in „Critiques and Addresses".)

Der scharfsinnige Verfechter der Teleologie, Paley, sah kein Problem darin, zuzugeben, dass die „Herstellung von Dingen" das Ergebnis einer Reihe mechanischer Dispositionen sein könnte, die zuvor durch intelligente Ernennung festgelegt und von einer Macht im Zentrum in Aktion gehalten wurden („Natürliche Theologie " , Kapitel xxiii.), das heißt, er akzeptierte proleptisch die moderne Evolutionslehre; und seine Nachfolger täten gut daran, ihrem Anführer zu folgen oder zumindest seinen gewichtigen Überlegungen Beachtung zu schenken, bevor sie in einen Antagonismus geraten, der keine vernünftige Grundlage hat.

Nachdem man den Glauben an den Zufall und den Unglauben an das Design, die in keiner Weise zur Evolution gehören, beseitigt hat, könnte man vielleicht die dritte Verleumdung dieser Doktrin, dass sie antitheistisch sei, sich selbst überlassen. Aber die Hartnäckigkeit, mit der sich viele Menschen weigern, aus den Behauptungen, die sie zu akzeptieren vorgeben, auch nur die klarsten Konsequenzen zu ziehen, macht es ratsam zu bemerken, dass die Evolutionslehre weder antitheistisch noch theistisch ist. Es hat einfach nicht mehr mit Theismus zu tun als das erste Buch von Euklid. Es ist ziemlich sicher, dass ein normales frisch gelegtes Ei weder Hahn noch Henne enthält; und es ist ebenso sicher wie jede physikalische oder moralische Aussage, dass, wenn ein solches Ei drei Wochen lang unter geeigneten Bedingungen aufbewahrt wird, ein Hahn oder eine Henne darin zu finden ist. Es ist auch ziemlich sicher, dass wir, wenn die Schale durchsichtig wäre, Tag für Tag die Entstehung des jungen Geflügels durch einen Evolutionsprozess beobachten könnten, von einem mikroskopisch kleinen Zellkeim zu seiner vollen Größe und komplizierten Struktur. Daher findet Evolution im strengsten Sinne tatsächlich in diesem und ähnlichen Millionen und Abermillionen Fällen statt, wo immer Lebewesen existieren. Um ein Argument von Butler zu übernehmen: Da das, was jetzt geschieht, mit den Attributen der Gottheit übereinstimmen muss, muss die Evolution, wenn ein solches Wesen existiert, mit diesen Attributen übereinstimmen. Und wenn ja, muss auch die Entwicklung des Universums, die weder mehr noch weniger erklärbar ist als die eines Huhns, mit ihnen übereinstimmen. Die Evolutionslehre kommt daher nicht einmal mit dem Theismus in Berührung, der als philosophische Lehre betrachtet wird. Das, womit es kollidiert und womit es absolut inkonsistent ist, ist die Konzeption der Schöpfung, die theologische Spekulanten auf der Geschichte basieren, die zu Beginn des Buches Genesis erzählt wird.

Über die sogenannten religiösen Schwierigkeiten, die die Naturwissenschaft geschaffen hat, wird viel geredet und nicht wenig beklagt. In der theologischen Wissenschaft hat sie tatsächlich keine geschaffen. Für den philosophischen Theisten stellt sich heute kein einziges Problem, das nicht existierte, seit Philosophen begannen, über die logischen Grundlagen und logischen Konsequenzen des Theismus nachzudenken. Alle realen oder imaginären Verwirrungen, die sich aus der Vorstellung des Universums als eines bestimmten Mechanismus ergeben, sind gleichermaßen mit der Annahme einer ewigen, allmächtigen und allwissenden Gottheit verbunden. Das theologische Äquivalent des wissenschaftlichen Ordnungsbegriffs ist die Vorsehung; und die Doktrin des Determinismus folgt ebenso sicher aus den vom Theologen angenommenen Attributen des Vorwissens wie aus der vom Mann der Wissenschaft angenommenen Universalität der natürlichen Kausalität. Den Engeln im „Paradise Lost" wäre die Aufgabe, Adam über die Geheimnisse von „Schicksal, Vorherwissen und freiem Willen" aufzuklären, kein bisschen schwerer gefallen, wenn ihr Schüler in einer „Realschule" erzogen worden wäre in jedem Labor einer modernen Universität ausgebildet. Was die großen Probleme der Philosophie angeht, ist die postdarwinistische Generation in gewisser Hinsicht genau das, wo die prae - darwinistischen Generationen waren. Sie bleiben unlöslich. Aber die heutige Generation hat den Vorteil, dass sie besser über die Mittel verfügt, sich von der Tyrannei bestimmter Scheinlösungen zu befreien.

Das Bekannte ist endlich, das Unbekannte unendlich; Intellektuell stehen wir auf einer Insel inmitten eines grenzenlosen Ozeans der Unerklärlichkeit. In jeder Generation besteht unsere Aufgabe darin, etwas mehr Land zurückzugewinnen, um den Umfang und die Festigkeit unseres Besitzes zu erhöhen. Und selbst ein flüchtiger Blick auf die Geschichte der Biowissenschaften im letzten Vierteljahrhundert reicht aus, um die Behauptung zu rechtfertigen, dass es sich um das wirksamste Instrument zur Erweiterung des Bereichs des Naturwissens handelt, das seit der Veröffentlichung in die Hände der Menschen gelangt ist von Newtons „Principia" ist Darwins „Entstehung der Arten".

Es wurde von der Generation, an die es zuerst gerichtet war, schlecht aufgenommen, und es ist traurig, darüber nachzudenken, wie viel wütender Unsinn daraus hervorging. Aber die heutige Generation wird sich wahrscheinlich genauso schlecht benehmen, wenn ein anderer Darwin auftauchen und ihr das auferlegen würde, was die Allgemeinheit der Menschheit am meisten hasst – die Notwendigkeit, ihre Überzeugungen zu revidieren. Mögen sie uns Alten gegenüber barmherzig sein; und wenn sie sich gegenüber einem neuen Wohltäter nicht besser verhalten als die Männer meiner Zeit, sollen sie sich daran erinnern, dass unser Zorn letzten Endes nicht viel Ausmaße angenommen hat und sich hauptsächlich in der bösen Sprache scheinheiliger Beschimpfungen geäußert hat . Lassen Sie sie möglichst schnell eine strategische Kehrtwende vollziehen und der Wahrheit folgen, wohin sie auch führt. Die Gegner der neuen Wahrheit werden wie diejenigen Darwins entdecken, dass Theorien die Tatsachen schließlich nicht verändern und dass das Universum unberührt bleibt, auch wenn Texte zerfallen. Oder es kann sein, dass ihr glücklicher Einfallsreichtum, während sich die Geschichte wiederholt, auch herausfindet, dass der neue Wein genau aus demselben Jahrgang stammt wie der alte und dass (richtig betrachtet) die alten Flaschen sich als ausdrücklich für die Aufbewahrung gedacht erweisen Es.